DES

BREVETS D'INVENTION

ET DES

MODIFICATIONS

QUE RÉCLAME LA LOI ACTUELLE

PAR

RENÉ TELLIEZ

DOCTEUR EN DROIT
JUGE SUPPLÉANT AU TRIBUNAL CIVIL DE LILLE

PRIX : 1 FR. 50 C.

PARIS
LIBRAIRIE L. HACHETTE & Cie
Boulevard Saint-Germain, No 77.

1863

DES

BREVETS D'INVENTION

ET DES

MODIFICATIONS

QUE RÉCLAME LA LOI ACTUELLE

Lille — Imp. N. Destigny, Grande Place.

DES

BREVETS D'INVENTION

ET DES

MODIFICATIONS

QUE RÉCLAME LA LOI ACTUELLE

PAR

RENÉ TELLIEZ

DOCTEUR EN DROIT

JUGE SUPPLÉANT AU TRIBUNAL CIVIL DE LILLE

PARIS

LIBRAIRIE L. HACHETTE & Cie

Boulevard Saint-Germain, No 77.

1863

DES BREVETS D'INVENTION

Les temps ne sont pas éloignés où, les hommes étant divisés en deux classes, libres et esclaves, nobles et serfs, le travail était le lot des serfs et des esclaves.

La force, alors, était le titre par excellence de la propriété. Son empire, heureusement, a disparu. Le travail est entré en honneur ; vrai souverain de notre époque, c'est lui qui dispense aujourd'hui tout ce qui sollicite et élève les facultés. Il a supprimé les classes, organisé l'ordre essentiellement mobile des rangs, et tel homme, qui, de ses mains, a préparé la laine ou le chanvre, se voit appelé aux positions sociales les plus élevées.

« Où sont donc nos ancêtres à nous qui datons d'hier, « di-
» sait dernièrement un des hommes les plus éminents de notre
» époque (1) ; qui nous a menés les uns à la fortune, les au-
» tres au pouvoir ; ceux-ci aux sommités de la science ou des
» des lettres, ceux-là à la gloire militaire ou civile ? Le travail,
» l'instruction et le courage. Il me semble entendre la France
» dire à tous les citoyens : Allez, enfants, le champ est libre à
» tous ceux qui veulent user de leurs facultés. Allez, il y a
» place au soleil pour quiconque travaille et persévère. »

(1) Discours de S. Exc. le Ministre de l'Instruction publique à la distribution des prix de l'Association polytechnique. (Séance du 9 Février 1862.)

Sous l'influence de ces idées nouvelles, l'industrie, ce genre de travail qui soumet la matière aux besoins de l'humanité, a pris une importance qu'elle n'eut à aucune époque ni dans aucune société. Appuyée sur les sciences qui l'éclairent et la dirigent, elle ouvre des horizons sans limites, et l'esprit reste frappé d'étonnement en présence des progrès déjà si rapidement et si merveilleusement accomplis.

A ce développement, deux résultats principaux sont attachés. Le premier, l'amélioration du bien-être physique, n'a pas besoin d'être démontré ; le deuxième, la stabilité dans les institutions politiques et sociales, trouve des incrédules ; et, cependant, n'est-il pas évident que des hommes parmi lesquels l'habitude du travail, l'intelligence et le besoin du bien-être auraient suffisamment pénétré, ne pourraient aimer le désordre et encore moins chercher à en être les fauteurs ?

« A mesure que le travail se répand et se perfectionne (1),
» à mesure que l'instruction pénètre dans les intelligences,
» non-seulement la force et la prospérité de l'Etat augmen-
» tent, mais, ce qui est plus désirable encore, les esprits
» s'élèvent, les mœurs s'adoucissent, la véritable égalité
» s'établit, et l'antagonisme des classes de la société, source
» de tant d'agitations et de malheurs, disparaît pour faire
» place à la pure et grande idée chrétienne, au droit commun
» de l'humanité.

» Les plus grandes difficultés que les peuples rencontrent
» dans leur marche ascendante naissent de la misère et des
» préjugés. »

Je crois donc que si l'hommage rendu au travail est la plus belle gloire de notre époque, il est en même temps l'élément le plus sûr de notre bien-être et de notre sécurité.

Les lois n'étant autre chose que la manifestation du contrat

____

(1) Discours cité plus haut.

social, on ne comprendrait guère, que dans une société où l'industrie a pris une telle importance, les causes principales de ses progrès ne fussent point l'objet de dispositions législatives.

Parmi ces causes, le génie d'invention, occupant la première place, devait nécessairement attirer l'attention du législateur et fixer à un haut degré sa sollicitude.

Le but de ce travail est d'exposer :

1° Quelle a été notre législation, en matière d'inventions, depuis que l'industrie a pris une place marquée dans la société française ;

2° Ce qu'elle est aujourd'hui ;

3° Enfin, quelles sont les modifications que peut appeler la loi existante.

Ajoutons de suite qu'un projet de loi sur les brevets d'invention est en ce moment soumis aux délibérations de l'assemblée législative.

HISTOIRE.

Dans l'ancienne France, l'idée d'infériorité et de servitude étant attachée à l'exercice du travail, les rois et les seigneurs étaient considérés comme maîtres du travail de leurs sujets et de leurs vassaux.

Mais à côté de ces hommes qui, inféodés à la terre, appartenaient au seigneur comme la terre elle-même, vivaient des artisans et des commerçants qui, pour se défendre contre les rapines et les vexations de la noblesse et du clergé, se réunirent en corporations.

Lorsque les villes, peuplées en majeure partie de ces artisans, engagèrent la lutte contre la servitude féodale, elles avaient préparé dans l'établissement des corps de métiers l'élément essentiel de leur force militaire. Ces communautés étant ainsi organisées, elles rédigèrent des statuts qu'elles firent autoriser tantôt en récompense de services qu'elles rendaient à la royauté dans ses luttes contre la féodalité, tantôt moyennant finance.

Telle fut l'origine de ces maîtrises et jurandes qui excluaient de tel ou tel travail industriel tous ceux qui n'avaient pas acquis le droit de s'y livrer par leur affiliation à l'une de ces corporations jalouses.

La féodalité vaincue, le gouvernement s'accoutuma à se faire une ressource des taxes imposées sur ces communautés, en échange des priviléges qu'il leur accordait.

« C'est sans doute, dit le ministre-philosophe Turgot, l'appât de ces moyens de finance qui a porté l'illusion jusqu'au point d'avancer que le droit de travailler était un droit royal que le prince pouvait vendre et que les sujets devaient acheter. Hâtons-nous, ajoute-t-il, de répudier une telle maxime ; Dieu, en donnant à l'homme des besoins et en lui rendant nécessaire la ressource du travail, a fait du droit de travailler la propriété de tout homme, et cette propriété est de toutes la plus imprescriptible et la plus sacrée. »

Nobles paroles qui précédèrent l'édit de 1776, prononçant la suppression des maîtrises et des jurandes.

Ce qu'avait proclamé le grand ministre, c'était le droit à la liberté du travail. Dénaturant ce langage, des esprits égarés y ont trouvé prétexte aux doctrines les plus étranges, et de nos jours, où le travail a conquis toutes ses franchises, comme tous les conquérants, il a voulu se faire oppresseur à son tour. Non content d'avoir vu ses droits reconnus, il a voulu les substituer à tous les autres droits ; oubliant ainsi que, s'il veut conserver la place qu'il occupe, il ne le peut qu'à la condition de respecter les principes sans lesquels on retombe dans cet état de troubles et de violences où, de tous les droits, le sien est le premier méconnu et détruit.

Pour réaliser une réforme aussi importante que celle qui consistait à supprimer les maîtrises et les jurandes, des précautions transitoires étaient nécessaires. Elles n'avaient pas été suffisamment prises. L'édit tomba avec le ministre qui l'avait obtenu, et les priviléges des corporations durèrent jusqu'à la Révolution.

Mais là n'étaient pas les seuls obstacles que rencontrât le génie d'invention. Colbert, qui cependant fit de si grands efforts pour le développement de l'industrie et du commerce, avait trouvé établi un régime dont il usa beaucoup, celui des règlements.

En ne considérant que l'époque à laquelle l'industrie française a pris naissance, c'est un point contestable de savoir si alors l'État a eu tort ou raison de réglementer, pour chaque genre d'industrie, le mode de fabrication, la nature et la qualité des matières à employer. Pour les étoffes, on alla jusqu'à déterminer leur longueur et leur largeur.

Sous Colbert déjà les règlements n'étaient plus qu'une gêne, comme il le déclare lui-même, dans son testament, en demandant leur suppression.

Et cependant, avant et après lui, le nombre en devint incalculable.

« Partout, dit Roland de la Platrière, l'administration a pris l'ouvrier par la main et elle lui trace la route qu'il doit suivre, avec défense de s'en écarter sous les peines les plus sévères.

En présence de cette double prohibition de s'immiscer dans une opération industrielle, si l'on n'était pas de la corporation à laquelle le droit d'exercer ce genre de travail était accordé, et de travailler d'une manière autre qu'il n'était déterminé, que pouvait être l'essor du génie d'invention ? Peu de chose, assurément.

A cela, il est vrai, il y avait un remède : l'obtention de

priviléges qui étaient au bon plaisir du roi. Mais que de démarches et de peines pour ceux qui les sollicitaient ! Que de largesses onéreuses pour écarter les obstacles qu'échelonnait sur les pas de l'inventeur la cupidité des employés subalternes et supérieurs ; et que le mérite de l'invention elle-même était peu de chose là où étaient si puissantes l'intrigue et la faveur !

Si défectueux cependant que fût ce mode de récompenser les inventions, son utilité se fit assez sentir pour qu'une législation le consacrât.

Après avoir, dans son préambule, reconnu d'un côté la nécessité de récompenser les découvertes industrielles, et, de l'autre, celle de limiter les droits qui pouvaient être accordés aux inventeurs, la déclaration du 24 septembre 1762 établit les règles suivant lesquelles les priviléges s'exerceraient, et elle fixa à quinze années la durée de leur jouissance.

Cette loi est le point de départ de notre législation en matière de découvertes industrielles.

Bientôt après vinrent les lettres de Marly, du 5 mai 1779, qui accordèrent la liberté de fabriquer en dehors des règlements.

Tout était prêt pour une réforme, lorsqu'éclata la révolution.

Dans la nuit du 4 au 5 août, l'Assemblée constituante abolit les maîtrises, les jurandes, et proclama le grand principe de la liberté du commerce et de l'industrie.

Mais dans cette mémorable déclaration, les droits de l'inventeur eux-mêmes avaient disparu. Les lois de janvier et de mai 1791 ne tardèrent pas à réparer cette erreur.

« Considérant, dit la loi de janvier, que toute idée nouvelle, dont la manifestation et le développement peuvent devenir utiles à la société, appartient primitivement à celui qui l'a conçue, que les principes de justice, d'ordre public et d'intérêt national commandent impérieusement de fixer l'opinion sur ce genre de propriété par une loi qui la consacre et la protége ;

» Décrète :

» Toute découverte ou nouvelle invention est la propriété de son auteur.

» La loi lui en garantit la pleine et entière jouissance, suivant le mode et pendant le temps ci-après déterminés. »

Le mode, c'était une demande accompagnée de description.

Le temps, cinq, dix ou quinze années, au choix de l'inventeur.

Cette législation, on le voit, avait des bases simples : elle garantissait à tout inventeur un droit de propriété perpétuelle, mais un droit de jouissance exclusive pendant un temps limité, sous la condition qu'à l'expiration de son monopole, il livrerait sa découverte à la société.

Ce principe, qui concilie le droit de l'inventeur avec les intérêts généraux, avait été adopté par la législation anglaise de 1623 et par l'acte constitutionnel des États-Unis, en 1787. Il est encore aujourd'hui celui de toutes les législations européennes, et il a pour lui la sanction de l'expérience.

La loi de mai 1791 ne fit guère que réglementer le mode suivant lequel les titres au droit exclusif de jouissance seraient délivrés, sous la dénomination de brevets d'invention.

Les principales dispositions de ces deux lois, qui se complètent mutuellement, furent :

Que tout moyen d'ajouter à quelque mode de fabrication que ce soit un nouveau genre de perfectionnement, était une invention;

Que quiconque apporterait le premier en France une découverte étrangère jouirait des mêmes droits que s'il en était l'inventeur ;

Que le brevet serait accordé, sans examen préalable, aux risques et périls du demandeur ;

Qu'à l'expiration du brevet, la description serait rendue publique, et que l'usage en serait permis à tous ;

Qu'il y aurait lieu à l'annulation du brevet, si la découverte n'était pas nouvelle, ou si elle était contraire à l'ordre public, ou si, en donnant sa description, l'inventeur avait célé ses véritables moyens d'exécution.

Ajoutons, enfin, que la sanction pénale consistait en une amende égale au quart des dommages-intérêts alloués à l'inventeur ou à ses ayant-droit.

Sous ce nouveau régime, plusieurs personnes s'étant fait breveter pour des plans financiers, intervint une loi qui abolit les titres obtenus pour des établissements de ce genre.

Parmi les dispositions législatives qui suivirent, il faut remarquer celles de la loi du 25 janvier 1807, qui décidèrent que les années de jouissance commenceraient le jour de la demande, et celles de la loi du 25 mai 1838, qui enlevèrent à la juridiction des tribunaux inférieurs les actions en matière de brevets d'invention pour en attribuer la connaissance aux tribunaux de première instance.

Loi du 5 juillet 1844.

Telle fut, jusqu'en 1844, la législation sur les découvertes industrielles.

Tout en confirmant la sagesse de ses dispositions principales, l'expérience y avait signalé des lacunes et même de graves erreurs.

Dès 1828, une commission d'hommes spéciaux avait été chargée de rechercher quelles étaient les modifications qu'appelait la loi alors existante.

En 1832, on rédigea un projet de révision, sur lequel on appela l'examen d'une commission nouvelle et celui des Conseils généraux de l'agriculture, du commerce et des manufactures.

Ce ne fut, cependant, qu'en janvier 1843, c'est-à-dire après quinze années d'études, que le projet de loi fut soumis à la chambre des députés par M. Cunin-Gridaine, alors ministre du commerce.

Disons-le de suite, peu de lois ont été l'objet de discussions aussi longues et aussi approfondies, et cependant, telle est la difficulté de la matière qu'aucune partie de notre législation n'a été l'objet de critiques plus nombreuses et plus vives.

Quelle est la nature du droit de l'inventeur?

Est-ce un droit de propriété préexistant à toute déclaration de sa légitimité, comme l'a dit Mirabeau?

Ou bien, est-ce un droit de récompense résultant d'une sorte de contrat intervenu entre la société et l'inventeur?

Première question sur laquelle, alors comme aujourd'hui, les esprits les plus éminents ont été et sont en désaccord.

Les idées sont filles des idées, dit-on d'un côté, l'humanité creuse pendant des siècles. Un homme donne le dernier coup de sonde et la vérité jaillit. Est-ce à lui seul qu'elle doit appartenir? La pensée mise au jour n'appartient-elle pas à tous ceux qu'elle pénètre, comme l'air, comme la lumière?

Et d'un autre côté : un homme a fait une œuvre intellectuelle ; pourquoi ses droits sur ses œuvres ne seraient-ils pas aussi saints, aussi imprescriptibles que ceux du travail manuel? Comme philosophe, dit M. de Lamartine, nous serions disposé à proclamer la perpétuité de ce droit ; comme législateur, notre mission est autre. En pareille matière, il faut que la société jouisse sans dépouiller, et il conclut en demandant pour les productions de l'intelligence un droit de propriété temporaire.

En ce qui nous concerne, si nous osions émettre une opinion, nous dirions que, lorsqu'il s'agit d'un principe comme celui de la propriété, le proclamer, pour lui dénier ensuite toutes ses conséquences, est non-seulement illogique, mais dangereux.

Dans ces discussions de la loi de 1844, auxquelles ont pris part tant d'hommes éminents, il est un travail qui restera comme un monument de clarté et de haute raison, c'est celui de M. Philippe Dupin (rapport du 5 juillet 1843).

« Quel est, dit-il, le droit de l'inventeur ? Est-ce un droit naturel ou un droit concédé ? Est-ce une propriété ou une indemnité ?

» L'exposé des motifs pose timidement cette question sans la résoudre. Abordons-la franchement. Les mots représentent des idées, et ici ils représentent plus que des idées, ils représentent des droits.

» La propriété est inviolable et sacrée. Nul ne peut en être dépouillé que par son abdication ou par une expropriation avec indemnité préalable. Que devient ce principe posé par l'Assemblée constituante, en présence des dispositions de l'art. 1er de la loi de janvier 1791 :

« Toute découverte est la propriété de son auteur. La loi » ne lui en garantit jouissance *que suivant le mode et pen-* » *dant le temps ci-après déterminés.* »

» Qu'est-ce donc que cette propriété qui n'est même pas viagère ? qui ne doit durer que cinq, dix ou quinze années ? qui ne peut s'asseoir ou qui s'évanouit faute d'une taxe acquittée, d'un parchemin obtenu ? qui périra parce qu'on ne l'aura point exploitée pendant un an ou deux, et dont la précaire existence est sans cesse menacée de déchéance ?

» Ou ce n'est pas une propriété, et on a tort de lui en donner le nom ; ou c'est une propriété, et alors on a tort de lui en refuser les effets. Car la société, la civilisation et la loi reposent sur le droit de propriété, et à quelque chose qu'il s'applique, on ne peut y porter atteinte sans ébranler l'ordre social.

» Pour l'inventeur, dit-il encore, ce qu'il s'agit de savoir, c'est, si la conception de son intelligence étant communiquée aux autres, il obtiendra la faculté d'enchaîner leurs bras et de les empêcher de produire ce qui est entré dans leurs esprits.

» Et qu'on ne croie pas, ajoute-t-il, que ceci tende à nier les droits des inventeurs, toute découverte étant, suivant l'expression de Kant, un service rendu à la société, il est juste que celui qui le rend en soit récompensé.

» Avec ces idées, le droit de propriété étant désintéressé dans la question, il ne s'agit plus que d'un contrat sous la foi duquel l'inventeur livre à la société sa découverte. La loi devient logique, et ses dispositions s'accordent avec son principe. »

Quelques-uns ont prétendu que c'était là une pure question de métaphysique. C'est une erreur, et l'examen de la loi nous a démontré que plusieurs des difficultés qu'elle présente seraient insolubles, si l'on n'admettait que le droit de l'inventeur repose sur un droit autre que le droit de propriété.

« J'ai en moi, dit l'auteur d'une invention, un secret dont la divulgation peut être utile à tous. Assurez-moi la récompense des efforts qu'il m'a coûtés et je vous le livrerai. »

Telle est, suivant nous, la véritable origine des rapports que notre législation consacre entre l'inventeur et la société.

Etant admis que l'inventeur a droit à une rémunération, quelle en sera la nature ?

Des modes qui se présentent à l'esprit les principaux sont : des récompenses publiques, ou un monopole temporaire.

De ces deux systèmes, le premier qui ferait jouir immédiatement la société des bienfaits de sa découverte, est celui qui séduit tout d'abord.

Mais dans son application que de difficultés !

Comment, en effet, apprécier au moment où se produit une découverte son mérite et sa portée ? Si, pour faire cette appréciation, l'on veut attendre qu'elle ait donné la mesure de son utilité, quel moment choisira-t-on ? Et puis, quel champ ouvert aux sollicitations, au bon plaisir ! Que devient, sous un pareil régime, ce droit égal pour tous, objet de tant d'efforts ?

Je passe rapidement sur de tels motifs d'exclusion ; il suffit de les indiquer.

Reste le monopole temporaire qui, de tous les modes, est jusqu'ici celui qui paraît le mieux concilier les intérêts réciproques de l'inventeur et de la société. Sous ce régime, l'incertitude et l'arbitraire dans la fixation du prix de la découverte disparaissent. Si l'invention est futile, le monopole est sans inconvénient pour la société ; si elle est vraiment utile, le monopole temporaire ne peut lui faire perdre son caractère d'utilité publique, et l'invention trouve dans sa jouissance exclusive une rémunération dont l'importance est en rapport avec l'utilité même de la découverte. Bref, ce système repose sur une idée juste et simple. Toutes les législations européennes l'ont adopté.

Loi du 5 juillet 1844 sur les Brevets d'invention.

TITRE PREMIER.

DISPOSITIONS GÉNÉRALES.

Art. I. Toute nouvelle découverte ou invention, dans tous les genres d'industrie, confère à son auteur, sous les conditions et pour le temps ci-après déterminés, le droit exclusif d'exploiter à son profit ladite découverte ou invention. — Ce droit est constaté par des titres délivrés par le gouvernement sous le nom de *brevets d'invention.*

2. Seront considérés comme inventions ou découvertes nouvelles : — L'invention de nouveaux produits industriels ; —L'invention de nouveaux moyens ou l'application nouvelle de moyens connus pour l'obtention d'un résultat ou d'un produit industriel.

3. Ne sont pas susceptibles d'être brevetés : — 1° Les compositions pharmaceutiques ou remèdes de toute espèce, lesdits objets demeurant soumis aux lois et règlements spéciaux sur la matière, et notamment au décret du 18 août 1810, relatif aux remèdes secrets ; — Les plans ou combinaisons de crédit ou de finances.

4. La durée des brevets sera de cinq, dix ou quinze années. —Chaque brevet donnera lieu au paiement d'une taxe qui est fixée ainsi qu'il suit, savoir : — 500 francs pour un brevet de cinq ans : 1,000 francs pour un brevet de dix ans ; — 1,500 francs pour un brevet de quinze ans. — Cette taxe sera payée par annuités de 100 francs, sous peine de déchéance, si le breveté laisse écouler un terme sans l'acquitter.

TITRE II.

DES FORMALITÉS RELATIVES A LA DÉLIVRANCE DES BREVETS.

SECTION PREMIERE.

Des demandes de brevets.

5. Quiconque voudra prendre un brevet d'invention devra déposer, sous cachet, au secrétariat de la préfecture, dans le département où il est domicilié, ou dans tout autre département, en y élisant domicile : — 1° Sa demande au ministre de l'agriculture et du commerce ; — 2° Une description de la découverte, invention ou application faisant l'objet du brevet demandé ; — 3° Les dessins ou échantillons qui seraient nécessaires pour l'intelligence de la description ; — Et 4° un bordereau des pièces déposées.

6. La demande sera limitée à un seul objet principal, avec les objets de détail qui le constituent, et les applications qui auront été indiquées. — Elle mentionnera la durée que les demandeurs entendent assigner à leur brevet dans les limites fixées par l'art. 4, et ne contiendra ni restrictions, ni conditions, ni réserves. — Elle indiquera un titre renfermant la

2

désignation sommaire et précise de l'objet de l'invention. — La description ne pourra être écrite en langue étrangère. Elle devra être sans altération ni surcharges. Les mots rayés comme nuls seront comptés et constatés, les pages et les renvois paraphés. Elle ne devra contenir aucunes dénominations de poids ou de mesures autres que celles qui sont portées au tableau annexé à la loi du 4 juillet 1837.—Les dessins seront tracés à l'encre et d'après une échelle métrique.— Un duplicata de la description et des dessins sera joint à la demande. — Toutes les pièces seront signées par le demandeur ou par un mandataire, dont le pouvoir restera annexé à la demande.

7. Aucun dépôt ne sera reçu que sur la production d'un récépissé constatant le versement d'une somme de 100 francs à valoir sur le montant de la taxe du brevet. — Un procès-verbal, dressé sans frais par le secrétaire-général de la préfecture, sur un registre à ce destiné, et signé par le demandeur, constatera chaque dépôt, en énonçant le jour et l'heure de la remise des pièces.—Une expédition dudit procès-verbal sera remise au déposant, moyennant le remboursement des frais de timbre.

8. La durée du brevet courra du jour du dépôt prescrit par l'article 5.

SECTION II.

De la délivrance des brevets.

9. Aussitôt après l'enregistrement des demandes, et dans les cinq jours de la date du dépôt, les préfets transmettront les pièces, sous le cachet de l'inventeur, au ministre de l'agriculture et du commerce, en y joignant une copie certifiée du procès-verbal de dépôt, le récépissé constatant le versement de la taxe, et, s'il y a lieu, le pouvoir mentionné dans l'art. 6.

10. A l'arrivée des pièces au ministère de l'agriculture et du commerce, il sera procédé à l'ouverture, à l'enregistrement et à l'expédition de sbrevets, dans l'ordre de la réception desdites demandes.

11. Les brevets dont la demande aura été régulièrement formée seront délivrés, sans examen préalable, aux risques et périls des demandeurs, et sans garantie, soit de la réalité, de la nouveauté ou du mérite de l'invention, soit de la fidélité ou de l'exactitude de la description. —Un arrêté du ministre,

constatant la régularité de la demande, sera délivré au demandeur et constituera le brevet d'invention. —A cet arrêté sera joint le duplicata certifié de la description et des dessins mentionné dans l'article 6, après que la conformité avec l'expédition originale aura été reconnue et établie au besoin.— La première expédition des brevets sera délivrée sans frais. — Toute expédition ultérieure, demandée par le breveté ou ses ayants-cause, donnera lieu au paiement d'une taxe de 25 francs. —Les frais de dessin, s'il y a lieu, demeureront à la charge de l'impétrant.

12. Toute demande dans laquelle n'auraient pas été observées les formalités prescrites par les numéros 2° et 3° de l'article 5, et par l'article 6, sera rejetée. La moitié de la somme versée restera acquise au Trésor, mais il sera tenu compte de la totalité de cette somme au demandeur, s'il reproduit sa demande dans un délai de trois mois, à compter de la date de la notification du rejet de sa requête.

13. Lorsque, par application de l'article 3, il n'y aura pas lieu à délivrer un brevet, la taxe sera restituée.

14. Une ordonnance royale, insérée au *Bulletin des Lois*, proclamera, tous les trois mois, les brevets délivrés.

15. La durée des brevets ne pourra être prolongée que par une loi.

SECTION III.

Des certificats d'addition.

16. Le breveté ou les ayants-droit au brevet auront, pendant toute la durée du brevet, le droit d'apporter à l'invention des changements, perfectionnements ou additions, en remplissant, pour le dépôt de la demande, les formalités déternées par les articles 5, 6 et 7.— Ces changements, perfectionnements ou additions, seront constatés par des certificats délivrés dans la même forme que le brevet principal, et qui produiront, à partir des dates respectives des demandes et de leur expédition, les mêmes effets que ledit brevet principal, avec lequel ils prendront fin.— Chaque demande de certificat d'addition donnera lieu au paiement d'une taxe de 20 francs.—Les certificats d'addition, pris par un des ayants-droit, profiteront à tous les autres.

17. Tout breveté qui, pour un changement, perfectionnement ou addition, voudra prendre un brevet principal de cinq, dix ou quinze années, au lieu d'un certificat d'addition expirant avec le brevet primitif, devra remplir les formalités prescrites par les articles 5, 6 et 7, et acquitter la taxe mentionnée dans l'article 4.

18. Nul autre que le breveté ou ses ayants-droit, agissant comme il est dit ci-dessus, ne pourra, pendant une année, prendre valablement un brevet pour un changement, perfectionnement ou addition à l'invention qui fait l'objet du brevet primitif.—Néanmoins, toute personne qui voudra un brevet pour changement, addition ou perfectionnement à une découverte déjà brevetée, pourra, dans le cours de ladite année, former une demande qui sera transmise, et déposée sous cachet, au ministère de l'agriculture et du commerce.—L'année expirée, le cachet sera brisé et le brevet délivré.—Toutefois, le breveté principal aura la préférence pour les changements, perfectionnements et additions pour lesquels il aurait lui-même, pendant l'année, demandé un certificat d'addition ou un brevet.

19. Quiconque aura pris un brevet pour une découverte, invention ou application se rattachant à l'objet d'un autre brevet, n'aura aucun droit d'exploiter l'invention déjà brevetée, et réciproquement le titulaire du brevet primitif ne pourra exploiter l'invention, objet du nouveau brevet.

SECTION IV.

De la transmission et de la cession des brevets.

20. Tout breveté pourra céder la totalité ou partie de son brevet.— La cession totale ou partielle d'un brevet, soit à titre gratuit, soit à titre onéreux, ne pourra être faite que par acte notarié, et après le paiement de la totalité de la taxe déterminée par l'article 4.—Aucune cession ne sera valable, à l'égard des tiers, qu'après avoir été enregistrée au secrétariat de la préfecture du département dans lequel l'acte aura été passé.—L'enregistrement des cessions et de tous autres actes emportant mutation sera fait sur la production et le dépôt d'un extrait authentique de l'acte de cession ou de mutation. —Une expédition de chaque procès-verbal d'enregistrement, accompagnée de l'extrait de l'acte ci-dessus men-

tionné, sera transmise par les préfets au ministre de l'agriculture et du commerce, dans les cinq jours de la date du procès-verbal.

21. Il sera tenu, au ministère de l'agriculture et du commerce, un registre sur lequel seront inscrites les mutations intervenues sur chaque brevet, et, tous les trois mois, une ordonnance royale proclamera, dans la forme déterminée par l'article 14, les mutations enregistrées pendant le trimestre.

22. Les cessionnaires d'un brevet et ceux qui auront acquis d'un breveté ou de ses ayants-droit la faculté d'exploiter la découverte ou l'invention, profiteront de plein droit des certificats d'addition qui seront ultérieurement délivrés au breveté ou à ses ayants-droit. Réciproquement, le breveté ou ses ayants-droit profiteront des certificats d'addition qui seront ultérieurement délivrés aux cessionnaires. — Tous ceux qui auront droit de profiter des certificats d'addition pourront en lever une expédition au ministère de l'agriculture et du commerce, moyennant un droit de 20 francs.

SECTION V.

De la communication et de la publication des descriptions et dessins de brevets.

23. Les descriptions, dessins, échantillons et modèles des brevets délivrés resteront, jusqu'à l'expiration des brevets, déposés au ministère de l'agriculture et du commerce, où ils seront communiqués sans frais, à toute réquisition. — Toute personne pourra obtenir, à ses frais, copie desdites descriptions et dessins, suivant les formes qui seront déterminées dans le règlement rendu en exécution de l'article 50.

24. Après le paiement de la deuxième annuité, les descriptions et dessins seront publiés, soit textuellement, soit par extrait.—Il sera en outre publié, au commencement de chaque année, un catalogue contenant les titres des brevets délivrés pendant l'année précédente.

25. Le recueil des descriptions et dessins et le catalogue, publiés en exécution de l'article précédent, seront déposés au ministère de l'agriculture et du commerce, et au secrétariat de la préfecture de chaque département, où ils pourront être consultés sans frais.

26. A l'expiration des brevets, les originaux des descriptions et dessins seront déposés au Conservatoire royal des arts et métiers.

TITRE III.

DES DROITS DES ÉTRANGERS.

27. Les étrangers pourront obtenir en France des brevets d'invention.

28. Les formalités et conditions déterminées par la présente loi seront applicables aux brevets demandés ou délivrés en exécution de l'article précédent.

29. L'auteur d'une invention ou découverte déjà brevetée à l'étranger pourra obtenir un brevet en France. Mais la durée de ce brevet ne pourra excéder celle des brevets antérieurement pris à l'étranger.

TITRE IV.

DES NULLITÉS ET DÉCHÉANCES, ET DES ACTIONS Y RELATIVES.

SECTION PREMIERE.

Des nullités et déchéances.

30. Seront nuls et de nul effet, les brevets délivrés dans les cas suivants, savoir : — 1° Si la découverte, invention ou application n'est pas nouvelle; — 2° Si la découverte, invention ou application n'est pas, aux termes de l'article 3, susceptible d'être brevetée ; — 3° Si les brevets portent sur des principes, méthodes, systèmes, découvertes et conceptions théoriques dont on n'a pas indiqué les applications industrielles ; — 4° Si la découverte, invention ou application est reconnue contraire à l'ordre ou à la sûreté publique, aux bonnes mœurs ou aux lois du royaume; sans préjudice, dans ce cas et dans celui du paragraphe précédent, des peines qui pourraient être encourues pour la fabrication ou le débit d'objets prohibés ; — 5° Si le titre sous lequel un brevet a été demandé indique frauduleusement un objet autre que le véritable objet de l'invention; — 6° Si la description jointe au brevet n'est pas suffisante pour l'exécution de l'invention, ou si elle n'indique pas, d'une manière complète et loyale, les

véritables moyens de l'inventeur ; — 7° Si le brevet a été obtenu contrairement aux dispositions de l'article 18.—Seront également nuls et de nul effet, les certificats comprenant des changements, perfectionnements ou additions qui ne se rattacheraient pas au brevet principal.

31. Ne sera pas réputée nouvelle toute découverte, invention ou application qui, en France ou à l'étranger, et antérieurement à la date du dépôt de la demande, aura reçu une publicité suffisante pour pouvoir être exécutée.

32. Sera déchu de tous ses droits : — 1° Le breveté qui n'aura pas acquitté son annuité avant le commencement de chacune des années de la durée de son brevet ; — 2° Le breveté qui n'aura pas mis en exploitation sa découverte ou invention en France, dans le délai de deux ans, à dater du jour de la signature du brevet, ou qui aura cessé de l'exploiter pendant deux années consécutives, à moins que, dans l'un ou l'autre cas, il ne justifie des causes de son inaction ; — 3° Le breveté qui aura introduit en France des objets fabriqués en pays étranger et semblables à ceux qui sont garantis par son brevet.—Sont exceptés des dispositions du précédent paragraphe les modèles de machines dont le ministre de l'agriculture et du commerce pourra autoriser l'introduction dans le cas prévu par l'article 29.

33. Quiconque, dans des enseignes, annonces, prospectus, affiches, marques ou estampilles, prendra la qualité de breveté sans posséder un brevet délivré conformément aux lois, ou après l'expiration d'un brevet antérieur ; ou qui, étant breveté, mentionnera sa qualité de breveté ou son brevet sans y ajouter ces mots, *sans garantie du gouvernement*, sera puni d'une amende de cinquante francs à mille francs.—En cas de récidive, l'amende pourra être portée au double.

SECTION II.

Des actions en nullité et en déchéance.

34. L'action en nullité et l'action en déchéance pourront être exercées par toute personne y ayant intérêt. Ces actions, ainsi que toutes contestations relatives à la propriété des brevets, seront portées devant les tribunaux civils de première instance.

35. Si la demande est dirigée en même temps contre le titulaire du brevet et contre un ou plusieurs cessionnaires partiels, elle sera portée devant le tribunal du domicile du titulaire du brevet.

36. L'affaire sera instruite et jugée dans la forme prescrite pour les matières sommaires, par les articles 405 et suivants du Code de procédure civile. Elle sera communiquée au procureur du roi.

37. Dans toute instance tendant à faire prononcer la nullité ou la déchéance d'un brevet, le ministère public pourra se rendre partie intervenante et prendre des réquisitions pour faire prononcer la nullité ou la déchéance absolue du brevet. — Il pourra même se pourvoir directement par action principale pour faire prononcer la nullité, dans les cas prévus aux n°s 2°, 4° et 5° de l'article 30.

38. Dans tous les cas prévus par l'article 37, tous les ayants-droit au brevet dont les titres auront été enregistrés au ministère de l'agriculture et du commerce, conformément à l'article 21, devront être mis en cause.

39. Lorsque la nullité ou la déchéance absolue d'un brevet aura été prononcé par jugement ou arrêt ayant acquis force de chose jugée, il en sera donné avis au ministre de l'agriculture et du commerce, et la nullité ou la déchéance sera publiée dans la forme déterminée par l'article 14 pour la proclamation des brevets.

TITRE V.

DE LA CONTREFAÇON, DES POURSUITES ET DES PEINES.

40. Toute atteinte portée aux droits du breveté, soit par la fabrication de produits, soit par l'emploi de moyens faisant l'objet de son brevet, constitue le délit de contrefaçon. — Ce délit sera puni d'une amende de cent à deux mille francs.

41. Ceux qui auront sciemment recélé, vendu ou exposé en vente, ou introduit sur le territoire français, un ou plusieurs objets contrefaits seront punis des mêmes peines que les contrefacteurs.

42. Les peines établies par la présente loi ne pourront être cumulées.—La peine la plus forte sera seule prononcée pour tous les faits antérieurs au premier acte de poursuite.

43. Dans le cas de récidive, il sera prononcé, outre l'amende portée aux articles 40 et 41, un emprisonnement d'un mois à six mois.—Il y a récidive lorsqu'il a été rendu contre le prévenu, dans les cinq années antérieures, une première condamnation pour un des délits prévus par la présente loi.—Un emprisonnement d'un mois à six mois pourra aussi être prononcé, si le contrefacteur est un ouvrier ou un employé ayant travaillé dans les ateliers ou dans l'établissement du breveté, ou si le contrefacteur, s'étant associé avec un ouvrier ou un employé du breveté, a eu connaissance, par ce dernier, des procédés décrits au brevet. — Dans ce dernier cas, l'ouvrier ou l'employé pourra être poursuivi comme complice.

44. L'article 463 du Code pénal pourra être appliqué aux délits prévus par les dispositions qui précèdent.

45. L'action correctionnelle, pour l'application des peines ci-dessus, ne pourra être exercée par le ministère public que sur la plainte de la partie lésée.

46. Le tribunal correctionnel, saisi d'une action pour délit de contrefaçon, statuera sur les exceptions qui seraient tirées par le prévenu, soit de la nullité ou de la déchéance du brevet, soit des questions relatives à la propriété dudit brevet.

47. Les propriétaires de brevet pourront, en vertu d'une ordonnance du président du tribunal de première instance, faire procéder, par tous huissiers, à la désignation et description détaillées, avec ou sans saisie, des objets prétendus contrefaits. — L'ordonnance sera rendue sur simple requête, et sur la présentation du brevet; elle contiendra, s'il y a lieu, la nomination d'un expert pour aider l'huissier dans sa description.—Lorsqu'il y aura lieu à la saisie, ladite ordonnance pourra imposer au requérant un cautionnement qu'il sera tenu de consigner avant d'y procéder. — Le cautionnement sera toujours imposé à l'étranger breveté qui requerra la saisie.—Il sera laissé copie au détenteur, des objets décrits ou saisis, tant de l'ordonnance que de l'acte constatant le dépôt de cautionnement, le cas échéant; le tout, à peine de nullité et de dommages-intérêts contre l'huissier.

48. A défaut par le requérant de s'être pourvu, soit par la voie civile, soit par la voie correctionnelle, dans le délai de huitaine, outre un jour par trois myriamètres de distance, entre le lieu où se trouvent les objets saisis ou décrits, et le domicile du contrefacteur, recéleur, introducteur ou débitant,

la saisie ou description sera nulle de plein droit, sans préjudice des dommages-intérêts qui pourront être réclamés, s'il y a lieu, dans la forme prescrite par l'article 36.

49. La confiscation des objets reconnus contrefaits, et, le cas échéant, celle des instruments ou ustensiles destinés spécialement à leur fabrication, seront, même en cas d'acquittement, prononcées contre le contrefacteur, le recéleur, l'introducteur ou le débitant. — Les objets confisqués seront remis au propriétaire du brevet, sans préjudice de plus amples dommages-intérêts et de l'affiche du jugement, s'il y a lieu.

TITRE VI.

DISPOSITIONS PARTICULIÈRES ET TRANSITOIRES.

50. Des ordonnances royales, portant règlement d'administration publique, arrêteront les dispositions nécessaires pour l'exécution de la présente loi, qui n'aura effet que trois mois après sa promulgation.

51. Des ordonnances rendues dans la même forme pourront régler l'application de la présente loi dans les colonies, avec les modifications qui seront jugées nécessaires.

52. Seront abrogées, à compter du jour où la présente loi sera devenue exécutoire, les lois des 7 janvier et 25 mai 1791, celle du 20 septembre 1792, l'arrêté du 17 vendémiaire an VII, l'arrêté du 5 vendémiaire an IX, les décrets des 25 novembre 1806 et 25 janvier 1807, et toutes dispositions antérieures à la présente loi, relatives aux brevets d'invention, d'importation et de perfectionnement.

53. Les brevets d'invention, d'importation et de perfectionnement actuellement en exercice, délivrés conformément aux lois antérieures à la présente, ou prorogées par ordonnance royale, conserveront leur effet pendant tout le temps qui aura été assigné à leur durée.

54. Les procédures commencées avant la promulgation de la présente loi seront mises à fin conformément aux lois antérieures. — Toute action, soit en contravention, soit en nullité ou déchéance de brevet, non encore intentée, sera suivie, conformément aux dispositions de la présente loi, alors même qu'il s'agirait de brevets délivrés antérieurement.

CARACTÈRE DE L'INVENTION BREVETABLE.

Toute nouvelle découverte ou invention, dans tous les genres d'industrie, dit l'art. 1er, confère à son auteur, sous les conditions et pour le temps ci-après déterminés, le droit exclusif d'exploiter à son profit ladite découverte ou invention.

Nouveauté et caractère industriel : telles sont, on le voit, les conditions essentielles de toute invention pour qu'elle soit brevetable.

Elle peut se manifester sous des formes diverses. Ainsi, elle peut ou conquérir de produits nouveaux, ou combiner de nouveaux moyens, ou faire une application nouvelle de moyens connus. Exemples : un homme a fabriqué un appareil destiné à faciliter une opération chirurgicale ou à fonctionner en remplacement d'un membre amputé ; il a créé un produit industriel nouveau.

Les tissus rayés et ombrés sont connus ; mais on ne les obtient qu'à l'aide de trempages gradués et de bains successifs. On n'agit ainsi que d'une manière imparfaite et sur de petites coupes d'étoffes. Celui qui le premier a eu l'idée de teindre mécaniquement des étoffes de toute longueur, au moyen d'une pression partielle et continue utilisant et régularisant les effets de la capillarité, a créé de nouveaux moyens.

Les turbines étaient employées au séchage des étoffes ; un homme a eu l'idée de les appliquer à la dépuration et au clairçage des sucres : il a fait une application nouvelle de moyens connus, et ce mode, comme ceux qui le précèdent, conduit à des résultats industriels importants, peuvent, aux termes de l'art. 2, être l'objet de brevets utiles.

Quant à la nouveauté, la loi la définit par exclusion :

« Ne sera pas considéré comme nouveau, dit en substance l'art. 31, le procédé qui aura reçu antérieurement à la demande du brevet une publicité suffisante pour pouvoir être exécuté. »

C'est dans ce petit article que réside le germe de la plupart et des plus importants procès auxquels aient donné lieu les brevets d'invention. Aussi de bons esprits se sont-ils ingérés à mieux définir cette publicité qui exclut le droit au brevets.

Mais la difficulté de déterminer d'une manière exacte tous les modes par lesquels une invention a pu se divulguer et tomber ainsi dans le domaine public, est presque insurmontable. — Un examen approfondi de la question nous l'a démontré, et nous nous rangeons à l'avis le plus général, qui consiste à décider que la loi agit sagement en laissant aux tribunaux le soin de reconnaître les circonstances desquelles résultera la publicité.

Elle résultera tantôt d'une description dans un livre, tantôt de la mise en pratique, tantôt de la fabrication d'un spécimen exposé aux regards du public. C'est là, nous le répétons, une question qui est laissée et qu'il faut laisser à l'appréciation souveraine des tribunaux.

On avait proposé l'adoption de la loi anglaise qui répute nouvelle toute découverte non publiée ni appliquée dans le royaume. Mais, heureusement, on fit justice d'un pareil système, qui consistait à charger des chaînes du privilège des découvertes que nos relations si nombreuses avec les autres peuples porteront si facilement à notre connaissance.

Les inventions sont purement théoriques ou applicables à l'industrie. Ces dernières seules, on le conçoit, peuvent être l'objet des droits consacrés par la loi de 1844. Mais la distinction est souvent difficile. C'est pour la faciliter que, sur la proposition de M. Arago, on a rédigé le paragraphe 3 de l'art. 30 en ces termes :

« Seront nuls les brevets, s'ils portent sur des principes, méthodes, systèmes, découvertes et conceptions théoriques, ou purement scientifiques, *dont on a pas indiqué les applications industrielles.* »

Restent encore, en ce qui concerne les caractères de l'invention brevetable, les dispositions qui excluent du droit au brevet les préparations pharmaceutiques et les combinaisons de finances.

De ces deux exclusions, l'une, celle qui concerne les combinaisons de finance, ne soulève aucune objection ; mais l'autre, relative aux préparations pharmaceutiques, est l'objet des plus vives critiques. Les réclamations qui tendent à rétablir l'état de choses ancien et à donner aux inventeurs de remèdes nouveaux le droit de prendre des brevets, sont énergiques et nombreuses. Les chambres de commerce surtout se sont prononcées en grande majorité dans ce sens. Voyons si ces réclamations sont fondées ?

Sous le régime de la loi de 1791, dit-on, les découvertes de nouveaux remèdes étaient mises au rang des inventions brevetables, et c'était justice. Les progrès de la chimie amenant tous les jours des applications médicales nouvelles, pourquoi priver leurs auteurs de la récompense que constitue le droit au brevet ? Ces sortes d'inventions n'ont-elles pas, autant que d'autres, un caractère d'utilité publique, qui doit porter la société à leur offrir ses encouragements ?

Pour exclure du droit au brevet les découvertes de remèdes nouveaux, on prétend que la délivrance de ce titre serait un nouveau moyen de réclame que le charlatanisme ne manquerait pas d'exploiter, au détriment de la santé publique.

J'avoue, pour mon compte, que, si ce motif était le seul, je le trouverais bien insuffisant pour justifier la mesure dont on se plaint.

Et, en effet, dans quels cas les préparations médicales de toute nature peuvent-elles être délivrées ? — Dans trois circonstances seulement : 1° lorsqu'elles sont inscrites au Codex ; 2° lorsqu'elles ont reçu une approbation qui équivaut à cette inscription ; 3° enfin, lorsqu'elles sont l'objet d'ordonnances signées par les médecins.

Hors ces trois cas, toute distribution de remèdes est interdite par la loi pénale.

Sous un tel régime, comment croire que la délivrance de brevets pour des préparations médicales serait de nature à tromper la bonne foi publique ?

Ou l'Académie de médecine accordera sa haute approbation à la découverte, et alors l'obtention d'un brevet ne sera qu'un mode bien secondaire d'influence sur l'opinion publique ; si d'ailleurs le brevet devait propager la découverte, il faudrait s'en féliciter ;

Ou l'Académie refusera son approbation, et alors la délivrance du brevet ne peut avoir aucun inconvénient, la distribution du remède étant interdite.

Qu'on cesse donc de dire que les délivrances de brevets pour des préparations pharmaceutiques présenteraient un danger pour la santé publique. Suivant nous, les raisons de les exclure du droit au brevet existent, mais elles sont ailleurs.

Que l'inventeur d'un remède véritablement utile à la société soit digne d'intérêt, cela n'est pas contestable, et nul, assurément, ne peut songer à nier qu'il ait droit à des encouragements et à des récompenses ; mais aussi, en regard des droits de l'inventeur, il y a ceux de la société : lorsqu'elle crée un privilège, il faut qu'elle ait un intérêt à le faire, qu'elle trouve une compensation au sacrifice qu'elle s'impose.

A-t-elle intérêt à récompenser les préparations pharmaceutiques pour en multiplier le nombre ? Tel est, il me semble, le point de départ de la question.

Depuis dix-huit années, les brevets d'invention sont refusés aux remèdes de toute nature. A-t-on remarqué que, durant cette période, le nombre en ait été tellement restreint qu'il y ait lieu de prendre de nouvelles mesures à l'effet de l'augmenter ?

Je crois incontestable, au contraire, que ce nombre est devenu tel qu'en toute espèce de maladie c'est une grande perplexité pour le malade de savoir quel est, de tous les remèdes offerts pour le guérir, celui qu'il choisira.

Soit amour de la science et de l'humanité, soit tout autre mobile, les moyens curatifs, suivant, il est vrai, la progression ascendante des qualifications données aux maladies, ont pris, de nos jours, une telle extension, qu'en stimuler encore l'accroissement me paraîtrait non-seulement inutile, mais dangereux.

Je crois qu'en cette matière la société n'a pas intérêt à la création du privilège. Supposons maintenant qu'elle l'ait accordé :

Un remède existe, mais il est frappé de monopole : un médecin qui le croit bon le prescrit; sur la formule qu'il délivre, un pharmacien le fournit, et le malade en fait usage.

N'y aurait-il pas inconvénient sérieux à ce qu'en agissant ainsi le médecin, le pharmacien, voire même le malade, s'il n'est pas de bonne foi (1), fussent exposés à des poursuites en contrefaçon ?

Que devient alors ce droit si essentiel accordé au médecin de prescrire par formule tout ce qui peut sauver son malade, et cette obligation pour le pharmacien de délivrer ce que prescrit l'ordonnance ? Faudra-t-il que toujours, avant d'exercer leur ministère, ils consultent un tableau des préparations médicales faisant l'objet de brevets d'invention, afin qu'ils soient assurés que les remèdes qu'ils voudraient, l'un prescrire, l'autre délivrer, ne sont pas l'objet d'un monopole ?

Reste enfin, pour justifier la différence existant entre les droits accordés aux inventions industrielles proprement dites et ceux qui peuvent appartenir aux découvertes de moyens curatifs, un argument décisif et qui paraît avoir échappé à tous ceux qui se sont occupés de la question. « Sont nuls et » de nul effet, dit l'art. 30, les brevets portant sur des prin- » cipes, méthodes, systèmes, découvertes et conceptions » théoriques dont on n'a pas indiqué les applications indus- » trielles. »

Comment dire que l'effet attribué à tel remède est une application industrielle ? Ne voit-on pas au contraire qu'entre les inventions industrielles proprement dites et les découvertes de remèdes, il y aura toujours cette différence capitale que, dans le premier cas, le résultat ou produit est toujours

---

(1) Celui qui, sciemment, reçoit ou achète le produit d'une contrefaçon se fait le complice et le fauteur du contrefacteur, et l'art. 41, qui punit ceux qui auront sciemment recélé les objets contrefaits, paraît lui être applicable. Cette solution est la seule rigoureusement juridique. Cependant, un arrêt de la Cour de Cassation, du 3 décembre 1841, exclut du cas où le recel est punissable celui où le recéleur ne détient l'objet contrefait que pour son usage personnel.

tangible, certain, matériel, pour ainsi dire, tandis que dans le deuxième cas, si grandes que soient les probabilités, le doute reste toujours permis, même sur l'existence d'un résultat.

Reconnaissons donc que la découverte de compositions pharmaceutiques ou remèdes secrets n'est pas dans le domaine industriel, mais dans le domaine scientifique proprement dit, et qu'à ce titre elle ne peut être l'objet de brevets d'invention.

Chaque année, des récompenses pécuniaires et honorifiques sont proposées aux hommes qui découvriront de nouveaux modes de traitement applicables aux principales maladies dont souffre l'humanité.

Pour ceux qui se livrent à ces recherches, c'est là que sont et doivent être les véritables sources d'émulation ; y adjoindre les brevets d'invention ne me paraît ni désirable, ni même désiré par ceux qui auraient le bénéfice de cette disposition.

En terminant cet examen des caractères que doit offrir l'invention pour qu'elle soit brevetable, mentionnons cette règle qui n'avait pas besoin d'être écrite dans la loi de 1844 pour être appliquée : « Sont nuls les brevets obtenus pour des inventions contraires à l'ordre et à la sûreté publics. »

TAXE ET DURÉE DES BREVETS.

La durée des brevets étant fixée par la loi à un maximum de quinze années, on s'est demandé pourquoi cette limitation si courte, tandis que le droit de l'écrivain ou du peintre dure, non seulement pendant la vie de l'auteur et celle de sa veuve, mais encore au-delà de ce terme, pendant trente années au profit de ses enfants.

Et cependant, les créations littéraires, artistiques ou industrielles ont une source commune : elles sont toutes le produit de l'intelligence.

Raisonnant sur cette communauté d'origine, de bons esprits ont cru devoir y attacher une égalité de droits. C'est là, croyons-nous, une appréciation fausse qu'il importe de rectifier.

Le génie des découvertes, on l'a dit avec raison, suit une progression dont presque toutes les étapes sont marquées. Pour chaque invention, on peut dire que tous les éléments qui la composent étaient dans le fonds commun de la richesse scientifique. Les découvertes amènent les découvertes ; elles se fécondent et s'engendrent mutuellement.

Ainsi une machine existe, merveilleuse déjà si on la compare à ce qu'elle était il y a vingt ans ; et cependant, telle est la loi du progrès, qu'elle appelle encore de nombreux perfectionnements. Il en est un surtout plus désiré que les autres. C'est celui dont le fonctionnement de la machine démontre le mieux l'opportunité. On le cherche, on est près de l'atteindre, il est trouvé ; si tel ne l'eût pas découvert aujourd'hui, un autre l'eût imaginé demain.

Il y a mille exemples de procédés industriels découverts par plusieurs, en même temps, sous l'influence d'une observation attentive et de besoins indiqués.

Dans les lettres, au contraire, où trouver cet enchaînement de progrès ? où cette possibilité pour deux hommes de produire la même chose, soit en même temps, soit même à des époques différentes ? Corneille a créé *le Cid* ; Molière, *Tartuffe* ; Massillon, le *Petit Carême*. Aurions-nous *le Cid*, *Tartuffe* et le *Petit-Carême* si chacun de ces génies n'eût existé ? Le style, a dit Buffon, c'est l'homme. Que cent auteurs entreprennent d'écrire en même temps la vie de César, et ils feront cent œuvres différentes. A la même époque, il y avait deux *Phèdres :* celle de Racine et celle de Pradon. Que cent artistes entreprennent en même temps de représenter le même sujet, et nous aurons cent créations distinctes. Si l'un d'eux s'abstient, nul autre ne produira son œuvre.

Si Niepce, au contraire, n'eût pas découvert la photographie, nous l'aurions, Daguerre ayant eu depuis la même idée.

Qu'on cesse donc d'assimiler deux créations de natures si diverses. Devant un examen sérieux, cette prétendue égalité de droits ne se soutient pas. Sur les inventions, la société a des titres qu'elle n'a pas sur les œuvres littéraires.

La différence dans le droit étant établie, voyons, de plus, si la différence dans la durée de protection ne se justifie pas encore à un autre point de vue.

En industrie, lorsqu'un privilége existe, il marque un temps d'arrêt, nul ne pouvant, pendant que l'inventeur est en possession de son monopole, faire ce qu'il fait, ni enter un perfectionnement sur celui qu'il a réalisé.

Dans les lettres, au contraire, le sujet traité n'en reste pas moins dans le domaine de la pensée. Libre à tous de le choisir à leur tour, et même de puiser des inspirations dans les œuvres auxquelles il a donné naissance.

C'est, je crois, un point incontestable, que le monopole de l'inventeur cause à la société un préjudice que le droit de l'auteur est loin de lui faire éprouver au même degré.

Qu'en faut-il conclure, sinon que, dans la fixation de la durée, pendant laquelle s'exercerait le privilége de l'inventeur, la société a eu, non-seulement le droit, mais le devoir de poser des limites plus restreintes que celles qu'elle a données aux droits de l'écrivain et de l'artiste.

L'obtention d'un brevet étant à la disposition de tous sans examen préalable, on pouvait craindre qu'une foule de rêveries et de puérilités ne se décernassent les honneurs de ce titre.

L'établissement d'une taxe sur chaque brevet a écarté cet inconvénient. Cette mesure se justifie, d'ailleurs, par la nécessité de couvrir les frais qu'entraîne la délivrance des titres et leur publication. La loi de 1844 ayant fixé la taxe à cent francs par année, les résultats que nous venons de signaler sont obtenus sans que la charge soit trop lourde pour l'inventeur.

Parfois, cependant, l'inventeur est un ouvrier qui, par sa situation précaire, peut être empêché de profiter d'une invention utile. Je voudrais qu'à cet égard intervînt, dans une loi, une nouvelle disposition ainsi conçue : « Lorsque l'au- » teur d'une invention ou découverte industrielle justifiera » de son indigence, le Ministre du commerce pourra, après » avoir pris l'avis d'un comité spécial, lui délivrer un brevet » gratuit. »

Nous parlerons plus loin de la formation d'un comité chargé de donner son avis sur toutes les questions relatives aux brevets. C'est ce même corps, dont nous approuvons de toutes nos forces la création, qui serait consulté sur le mérite des demandes ayant pour objet la délivrance de brevets gratuits.

L'art. 32 porte que le breveté qui n'aura pas acquitté son annuité sera déchu.

Faut-il dire que si, par une cause quelconque, même de force majeure, le payement est retardé d'un jour, d'une heure, il y a déchéance irrémédiable? Cela est rigoureux sans doute, mais vrai suivant nous.

Le droit de tous, c'est de mettre en œuvre tout ce qui est du domaine de l'industrie, à moins qu'un mode d'exploitation spéciale ne soit réservé au profit d'un seul. Cette atteinte portée au droit commun n'existe qu'à des conditions déterminées. Si elles ne sont pas remplies, le privilége tombe, la raison le veut ainsi. N'oublions pas non plus que nous sommes en matiere pénale, et que la déchéance est un mode de défense que la loi met au service de l'inculpé. Le texte qui prononce la déchéance est précis ; fût-il obscur, il faudrait l'interpréter dans le sens le plus favorable à celui qui l'invoque.

Dans quel arbitraire ne tomberait-on pas, d'ailleurs, si on laissait, soit à l'administration, soit aux tribunaux, le soin de décider dans quels cas la déchéance serait ou ne serait pas prononcée ?

DEMANDE ET DÉLIVRANCE DE BREVETS. — CERTIFICATS D'ADDITION.

La demande doit être limitée à un seul objet, y compris les objets de détail qui le constituent et les applications qui auront été indiquées.

La seule lecture de cette disposition indique les difficultés que son interprétation peut soulever dans la pratique. Son but, on le comprend, a été d'empêcher qu'on éludât le payement des taxes en réunissant dans une même demande plusieurs objets de nature brevetable.

En ce qui concerne la délivrance du titre, la loi sépare avec soin la forme de la demande de ce qui en est le fond.

L'administration est juge de la forme, et elle peut repousser toute requête qui n'est pas régulièrement formée. Mais elle n'a pas à s'enquérir du fond : on prend soin de dire que, la demande étant' régulière, les brevets *seront* délivrés sans examen préalable, aux risques et périls des demandeurs, sans garantie soit de la réalité, de la nouveauté ou du mérite de l'invention.

Rappelons cependant que, lorsqu'il s'agit de préparations pharmaceutiques ou de combinaisons de finances, la loi donne à l'administration le pouvoir de refuser le brevet.

De bons esprits pensent que, lorsqu'une demande est rejetée, son auteur peut se pourvoir devant le Conseil d'État pour demander la réformation de l'arrêté et la délivrance du brevet.

Pendant la durée du brevet, l'inventeur ou les tiers peuvent apporter des perfectionnements à l'invention principale.

A cet égard, l'inventeur a paru digne d'une double faveur, et la loi dispose :

1° Que, pendant toute la durée de son brevet, il peut apporter à son procédé tous changements, additions ou perfectionnements, moyennant une taxe unique fixée à vingt francs pour chaque demande ;

2° Que, pendant la première année de son monopole, il a un droit de préférence sur les améliorations qu'il peut apporter à son invention.

Quant aux tiers, ils ont la faculté de prendre des brevets de perfectionnement dans la forme et en acquittant la taxe ordinaire. A ce droit, cependant, la loi met une réserve que déjà nous avons indiquée.

Lorsque leurs demandes se produisent pendant la première année d'existence du brevet principal, elles restent cachetées jusqu'à l'expiration de ce terme, et elles ne prennent rang à partir du dépôt que si, dans le cours de cette même année, l'auteur de l'invention principale n'a produit aucune demande pour le même perfectionnement.

Est-il besoin d'ajouter que le tiers breveté pour une invention se rattachant à l'objet d'un autre brevet, n'a pas le droit d'exploiter l'invention principale, et que, réciproquement, le titulaire primitif n'a aucun droit sur l'invention qui fait l'objet du second brevet ?

Notre législation moderne tend de plus en plus à se montrer libérale envers les étrangers, et la loi de 1844 leur accorde les mêmes droits qu'aux nationaux.

En matière de découvertes, cette libéralité n'est pas seulement un acte de généreuse justice, c'est encore le fruit d'un sage calcul. Elle ne peut, en effet, que favoriser les découvertes, et accroître ainsi les causes d'aisance générale.

TRANSMISSION ET CESSION DE BREVETS.

Un brevet, propriété mobilière, est transmissible conformément au droit commun, en totalité ou en partie, soit à titre gratuit, soit à titre onéreux.

C'est un mode fort usité que de céder le droit d'exploiter une invention pour telle commune ou tel département, ou encore de ne consentir le droit de fabriquer suivant le procédé breveté que dans une certaine mesure.

La loi exige que la cession soit faite par acte notarié et qu'elle soit enregistrée au secrétariat de la préfecture du département dans lequel l'acte aura été passé. Ces dispositions n'ayant été prises que dans l'intérêt des tiers, la pluralité des auteurs et la jurisprudence sont d'accord en ce point que l'inaccomplissement de ces formalités ne peut être opposé que par ceux qui n'ont pas été parties dans l'acte. Entre les contractants, toute convention régulièrement consentie reste valable, conformément au droit commun.

C'est également en vue de prévenir les fraudes qu'a été conçu l'art. 22 décidant que le cessionnaire, comme l'inventeur, jouira de plein droit des brevets d'addition délivrés ultérieurement à la cession.

La fraude que l'on a voulu prévenir est celle-ci : une invention est brevetée et son auteur a conçu une amélioration notable. Il traite de la jouissance partielle de son monopole, et ensuite il prend un certificat d'addition.

Si le droit d'appliquer le perfectionnement lui appartenait exclusivement, l'acheteur se trouverait n'avoir en sa possession qu'un procédé inférieur dépassé et surtout primé par le nouveau procédé. Cependant, la disposition qui tend à porter remède à cet état de choses a été vivement critiquée ; est-ce avec raison ?

C'est, a-t-on dit, une atteinte à la liberté des transactions.

De ce qu'une loi règle ce qui sera, pour ainsi dire, sous-entendu dans une convention, je ne vois pas, je l'avoue, en quoi la liberté des transactions est violée. Si cette disposition était impérative, obligatoire, telle, enfin, que les parties n'y pussent déroger, je comprendrais la critique, mais elle n'a nullement ce caractère, que je sache ; elle n'est pas d'ordre public, et rien ne s'oppose à ce que les parties conviennent que les certificats d'addition n'entreront pas dans la jouissance commune.

Aux termes de l'article 16, le certificat d'addition n'est qu'une sorte d'annexe au brevet principal, il suit sa fortune, vit et meurt avec lui. Décider que le cessionnaire du brevet jouira du certificat d'addition, ce n'est, en définitive, que faire l'application de la maxime : « L'accessoire suit le principal. »

Dans ce même article 16, et en application du même principe, il est dit :

« Que les certificats d'addition pris par un des ayants-droit au brevet profiteront à tous les autres. »

Pourquoi n'y pas voir aussi une atteinte portée à la liberté des transactions ?

On dit encore : pour couper court à cette manœuvre, ce n'est pas seulement le certificat d'addition qu'il eût fallu rendre commun entre les parties, mais aussi tout brevet de perfectionnement. Sinon, le cédant ne sera jamais assez insensé pour prendre un certificat dont il sera tenu de partager la jouissance, lorsqu'il peut, pour le même objet, prendre un brevet qui ne profitera qu'à lui seul, et dont il pourra disposer à son gré.

Cette objection repose, il me semble, sur une erreur ; et, en effet, aux termes de l'article 1134 du Code Napoléon, les conventions doivent être exécutées de bonne foi. S'il est démontré que, dolosivement et en vue d'éluder les dispositions de la loi spéciale, un breveté a pris un deuxième brevet, au lieu de prendre un certificat d'addition, je n'hésite pas à penser que les tribunaux le condamneront à des dommages-intérêts envers son cessionnaire, ou prononceront la résiliation du contrat.

Je crois donc que la disposition dont il s'agit n'est ni sans portée, comme on l'a prétendu, ni contraire à la liberté des transactions, et que, dans la rédaction d'une nouvelle loi, il serait sage de la maintenir.

ACTIONS EN NULLITÉ ET EN DÉCHÉANCE.

La servitude temporaire que l'existence d'un brevet fait peser sur l'industrie publique et sur la consommation générale n'est juste que si le brevet est légitime.

La faculté de vérifier les droits du breveté et d'apprécier la valeur de son titre est la conséquence du non-examen préalable.

Le brevet peut être entaché de nullité ou de déchéance. Entre ces deux cas, il y des différences radicales.

Si le vice du brevet remonte jusqu'à la formation même du contrat passé entre la société et l'inventeur, le brevet est nul et la contrefaçon n'a jamais été possible. Si le vice ne survient qu'après la délivrance d'un juste brevet, le contrat est résolu ; mais le titre a été valable jusqu'au moment de la déchéance, et toutes les atteintes qui ont pu être portées au droit qu'il consacrait sont passibles des peines de la contrefaçon.

La principale cause de nullité est le défaut de nouveauté, Déjà nous avons examiné le sens de cette disposition.

Dans l'intérêt public, la loi s'est montré sévère pour l'insuffisance de la description. Les tribunaux appliquent avec prudence la disposition relative à cette cause de nullité, en ne frappant que la faute véritablement lourde, qui a dû induire les tiers en erreur.

Une disposition non moins rigoureuse est celle qui prononce la nullité du brevet dont le titre indique un objet autre que celui de l'invention. Aussi, sur l'observation d'un éminent orateur, la loi a-t-elle pris soin de dire que la question d'intention serait examinée à l'effet de savoir si l'indication fausse est en même temps frauduleuse.

La dernière cause de nullité, enfin, a eu pour but d'empêcher qu'on ne pût impunément frauder le fisc. Elle concerne les certificats d'addition pris pour des objets qui ne se rattachent pas au brevet principal.

Le breveté, qui n'aura pas acquitté son annuité avant le commencement de chacune des années de la durée de son monopole, est déchu de ses droits.

Nous avons vu dans quel sens rigoureux doit être entendue cette disposition.

Sur la deuxième cause de déchéance résultant du défaut d'exploitation, la loi dit: « A moins que le breveté ne justifie des causes de son inaction. »

Le projet de loi élaboré par le Conseil d'Etat supprime cette dernière disposition en élevant à trois ans le terme dans lequel le breveté doit mettre sa découverte en exploitation, sous peine de déchéance. — Les motifs de cette suppression sont qu'en laissant aux tribunaux la faculté de fixer suivant les circonstances et en dehors de la règle tracée par loi, le terme à partir duquel le brevet sera frappé de déchéance, on laisse le public industriel dans l'incertitude de ses droits, en même temps qu'on s'expose à faire naître des procès dont la solution présenterait les difficultés les plus graves.

Supposons, en effet, qu'entre le moment où le brevet sera frappé de déchéance par la loi et celui où un tribunal l'aurait relevé de cette déchéance, un tiers ait fait usage du procédé breveté. Pourrait-il être l'objet de condamnations soit pénanales, soit même civiles ? Je n'hésite pas à décider le contraire, et cependant, si aux termes de la loi actuelle le breveté a justifié des causes de son inaction, le brevet n'aura pas cessé d'être valable.—Je crois qu'en présence des difficultés qui peuvent naître de cette disposition, il faut la déclarer inconciliable avec les principes de droit ordinaire et la supprimer.

Le breveté qui introduit en France des objets fabriqués en pays étranger et semblables à ceux qui sont garantis par son brevet, est également déchu de ses droits. Cette partie de la loi est d'une application difficile. On a voulu, par cette disposition, empêcher de prendre un brevet en France, pour s'assurer une sorte de monopole sur la vente de produits fabriqués à l'étranger.

L'action en nullité ou en déchéance peut être exercée par toute personne y ayant intérêt. On avait demandé la suppression de ces derniers mots : *y ayant intérêt.* Sur l'observation de M. Dupin, que ce serait introduire dans nos lois un principe exorbitant, que d'accorder l'action publique à un simple citoyen, et que, d'ailleurs, cette disposition pourrait donner lieu à une sorte de spéculation qui consisterait à faire métier de plaider contre les brevetés, cette restriction a été maintenue. Cependant, des explications échangées, il résulte qu'en cette matière ces expressions : *ayant intérêt,* doivent être entendues dans un sens plus large qu'en matière ordinaire.

Le ministère public étant le représentant des intérêts généraux, la conséquence serait que toute action en nullité ou en déchéance devrait pouvoir être exercée par lui. La loi de 1844 en a décidé autrement. En matière de déchéance, elle lui a refusé l'action *principale*, et il ne peut provoquer d'office la nullité que dans trois circonstances : 1° lorsque l'invention n'est pas susceptible d'être brevetée aux termes de l'article 3; 2° lorsqu'elle est contraire à l'ordre public ; 3° enfin, lorsque le titre indique frauduleusement un objet autre que le véritable objet de l'invention.

En dehors de ces trois cas, il reste désarmé et doit nécessairement attendre pour agir qu'une instance soit engagée entre les intéressés. A cet égard, cependant, une distinction est encore nécessaire. Si c'est devant le tribunal civil que l'action privée est portée, le ministère public peut se déclarer partie intervenante pour faire prononcer la nullité ou la déchéance absolue du brevet.

Devant le tribunal correctionnel, cette faculté n'existe pas, cette dernière juridiction n'étant pas admise à prononcer les nullités ou déchéances absolues.

C'est ce que décident la Cour de cassation et les auteurs, en interprétant les termes de la loi de 1844, qui, à cet égard, il faut le dire, n'étaient pas suffisamment explicites.

Quels sont les motifs de ces restrictions apportées à l'action du ministère public? Il ne nous a pas été donné de les trouver. Nous les croyons sans fondement et nous n'hésitons pas à penser que, dans une révision de la loi, elles ne seraient pas maintenues.

CONTREFAÇON, POURSUITES ET PEINES.

Toute atteinte portée aux droits du breveté, soit par la fabrication des produits, soit par l'emploi de moyens faisant l'objet du brevet, constitue le délit de contrefaçon.

Des termes mêmes de la loi, comme de la discussion, il résulte que le fait seul d'avoir mis en usage le procédé breveté suffit pour constituer le délit de contrefaçon, indépendamment de toute intention.

En voulant rendre la répression plus sûre et plus facile, cette disposition a, je crois, dépassé son but, et je suis d'avis qu'elle ne peut être maintenue.

A raison de faits de contrefaçon, un homme est traduit devant le tribunal de police correctionnelle. Sa probité est notoire et les débats établissent qu'en faisant usage du procédé breveté il n'a eu que les intentions les plus loyales. La loi cependant donne au breveté la faculté de prononcer contre lui une condamnation pénale.

Peut-être celui-ci usera-t-il de cette faculté pour exiger une indemnité hors de toute proportion avec le préjudice qu'il a éprouvé. Les juges alors pourront avoir la conviction que l'inculpé est exempt de toute fraude, que la poursuite est déloyale, et cependant ils devront prononcer une condamnation flétrissante contre l'homme dont la bonne foi leur sera démontrée.

Que faut-il penser d'une loi qui favorise de tels calculs et peut conduire à de tels résultats ? Et qu'on ne dise pas que cette hypothèse est du pur domaine de l'imagination ; l'expérience n'a que trop démontré qu'elle est du domaine des faits.

Dira-t-on que les brevets étant publics, le contrefacteur aura au moins commis une imprudence ? Mais qui ne sait que le nombre des brevets est tel aujourd'hui que nul homme, quels que soient son aptitude et ses loisirs, ne pourrait se rendre compte de ce qui fait l'objet des inventions brevetées?

Nous croyons donc essentiellement désirable que, d'après la loi nouvelle, il soit décidé que la contrefaçon ne sera un délit qu'autant que les faits qui la constituent auront été commis sciemment.

La contrefaçon étant un délit, il en résulterait, en faisant application du droit commun, que la poursuite peut avoir lieu, soit à la requête de ministère public, soit à la requête de la partie lésée.

Mais en cette matière, comme à l'égard des délits d'adultère et de diffamation, il y a dérogation au principe que l'action publique est indépendante de l'action privée, et l'art. 45 est ainsi conçu : « L'action correctionnelle pour l'application des peines de la contrefaçon ne pourra être exercée par le ministère public, *que sur la plainte de la partie lésée.* »

En ce qui concerne les délits d'adultère et de diffamation, les motifs de la restriction apportée à l'action publique sont saisissants ; la loi n'a pas voulu que la partie offensée pût être entraînée malgré elle dans les douleurs et les scandales d'un débat public. Ici le motif est tout différent. L'infraction a de l'anologie avec celle qui résulte, par exemple, du fait de chasse sur le terrain d'autrui. Le breveté, comme le propriétaire du terrain, peut avoir consenti aux actes qui paraissent constituer une atteinte à ses droits exclusifs, et l'on a pensé qu'il convenait de n'admettre la poursuite du ministère public que sur une plainte de la partie lésée.

Lorsque cette plainte a été formée, cette présomption que le contrevenant agissait en vertu d'un consentement tacite ou formel n'existe plus. Le ministère public est rentré dans la plénitude de son droit de poursuites, et il ne saurait appartenir à la partie plaignante de le désarmer en se désistant. Il est de principe, en effet, que, l'action publique une fois mise en mouvement, il ne saurait appartenir aux parties privées de lui laisser son cours ou de l'arrêter à leur gré. Lorsque la loi a voulu déroger à cette règle, elle l'a formellement énoncé.

Le délit de contrefaçon se révélant dans une instance purement civile, le ministère public serait-il admis à poursuivre son auteur devant le tribunal correctionnel ? C'est là une question délicate.

Si nous n'étions pas en matière pénale, on pourrait dire : ce que la loi a voulu pour autoriser l'action publique, c'est qu'il n'existât aucune incertitude sur le point de savoir si le procédé breveté a été mis en usage avec ou sans le consentement de l'ayant-droit.

Dès que, par l'effet d'une instance civile, cette incertitude a cessé, l'exception apportée au principe n'a plus sa raison d'être, et la règle permet son empire.

Mais, en matière pénale, tout est de droit étroit au profit de l'inculpé. Ce que la loi exige ici, pour qu'une poursuite criminelle puisse s'engager, c'est une plainte, c'est-à-dire nne dénonciation adressée, soit au procureur impérial, soit au juge d'instruction, avec demande de poursuites. Qu'une action au civil soit l'équivalent de cette plainte, cela est déjà contestable ; mais l'équivalent d'une chose n'est pas la chose elle-même, et, en matière pénale, rien ne supplée, rien ne peut s'ajouter au sens technique et rigoureux des mots.

Nous croyons donc que, sous l'empire de la loi actuelle, le délit de contrefaçon ne peut, en l'absence d'une plainte formelle, être l'objet des poursuites du ministère public.

Mais j'ajoute que l'action portée devant le tribunal civil étant l'équivalent d'une plainte, il faut dans une loi nouvelle déclarer que la poursuite du délit pourra être exercée par le ministère public lorsque l'atteinte aux droits du breveté aura été l'objet d'un procès civil.

En ce qui concerne la faculté donnée aux parties civiles, par l'article 182 du Code d'instruction criminelle, de saisir le tribunal de police correctionnelle de la poursuite des délits dont elles se prétendent victimes, une observation est nécessaire. C'est avec raison qu'on trouve généralement exorbitant qu'un simple particulier, se substituant au ministère public, puisse à son gré mettre en mouvement l'action pénale et forcer toute personne, si honorable qu'elle puisse être, à s'asseoir sur les bancs de la police correctionnelle. C'est surtout en ces deux matières de contrefaçon et de chasse que cet abus se montre intolérable et que l'on voit les rivalités, souvent les plus misérables, mettre en mouvement l'action publique et l'obliger à statuer sur des prétentions qui sont loin d'intéresser l'ordre social.

Je crois donc qu'il faut porter reméde à cet état de choses, et désirer qu'en ces deux matiéres, l'action pénale ne pourra être exercée que par le ministère public, et bien entendu sur la plainte de la partie lésée.

Avant la loi de 1844, on se demandait si les tribunaux correctionnels saisis d'une action en contrefaçon pouvaient connaître des questions de validité ou de propriété du brevet. La jurisprudence se prononçait en ce sens que l'exception tirée de la nullité du brevet n'étant qu'un moyen de défense, elle n'excédait pas les limites de la compétence correctionnelle.

Ne voulant laisser aucun doute à cet égard, la loi de 1844 s'exprime ainsi, art. 46 :

« Le tribunal correctionnel saisi d'une action en contrefaçon statuera sur les exceptions qui seraient tirées par le prévenu, soit de la nullité ou de la déchéance du brevet, soit des questions relatives à la propriété dudit brevet. »

Quel est le sens de cette disposition? a-t-elle voulu consacrer seulement le devoir pour le juge correctionnel d'entendre le prévenu dans tous ses moyens de défense? ou bien a-t-elle voulu transporter au tribunal correctionnel la plénitude de la juridiction civile, en lui donnant le pouvoir de statuer définitivement sur les questions de validité ou de propriété des brevets ?

Le breveté, nous l'avons vu, a la faculté de porter son action, soit devant le tribunal civil, soit devant le tribunal correctionnel.

C'est un point sur lequel tout le monde est d'accord, que si, dans un débat civil, la nullité ou la déchéance du brevet est prononcée sur les réquisitions du ministère public, la décision a l'autorité de la chose jugée d'une manière absolue et à l'égard de toutes personnes, même non-parties au procès.

C'est encore un point incontesté que, dans une action au

civil, sans intervention du ministère public, l'autorité de la chose jugée est absolue, mais entre les parties seulement.

Si, dans un débat correctionnel, le tribunal, avant de prononcer l'acquittement ou la condamnation, a statué sur l'exception tirée de la nullité du brevet, y a-t-il chose définitivement jugée entre les parties sur la nullité ou la validité dudit brevet?

Tel est le seul point en contestation. Un examen sommaire des principes suffit, je crois, pour résoudre cette difficulté.

En thèse générale, un tribunal de répression est radicalement incompétent pour statuer sur une question de droit civil, telle qu'une question de propriété.

Cependant, il arrive souvent que, devant la juridiction répressive, le prévenu excipe d'un droit de cette nature. Que devrait faire alors le tribunal correctionnel? Surseoir jusqu'à ce que la question préjudicielle ait été jugée par les tribunaux civils? Mais l'expérience a démontré que cette manière d'agir entraverait la vindicte publique, et une distinction s'est faite entre les questions de propriété qui peuvent s'élever en matière mobilière ou en matière immobilière.

Les vols, les détournements, les escroqueries, ont tous pour objet des effets mobiliers. C'est en matière mobilière que se commettent la plupart des atteintes portées au droit de propriété, constituant des crimes ou des délits. Les exceptions tirées d'un droit de propriété ou de jouissance, qui peuvent s'élever dans les poursuites déterminées par ces délits, sont d'une solution facile.

C'est par ces motifs, sans doute, que la doctrine et la jurisprudence sont tombées d'accord sur ce point que, si l'exception de propriété porte sur des effets mobiliers, le tribunal de répression en connaîtra.

Si, au contraire, la question de propriété a trait à des

immeubles, la juridiction criminelle est tenue de surseoir jusqu'à ce que les tribunaux civils aient statué.

Maintenant, quel est l'effet d'un jugement rendu en matière pénale? Lorsque pour arriver à la condamnation ou à l'acquittement d'un prévenu, un tribunal correctionnel aura statué sur une question de propriété, y aura-t-il chose jugée sur cette question ?

La culpabilité ou l'innocence du prévenu sont les seuls efforts que l'on puisse attendre des juridictions rendues par la juridiction criminelle. C'est là un principe élémentaire. En donnant aux tribunaux de répression la faculté de connaître de tous les moyens de défense qui peuvent se produire devant eux, on a voulu rendre leurs décisions plus rapides, et non étendre leur juridiction.

C'est ce même motif qui a fait édicter l'art. 46 de la loi de 1844, ainsi que l'atteste la discussion de cette loi.

« Le tribunal correctionnel, dit cet article, statuera sur les exceptions (c'est-à-dire sur les moyens de défense, les justifications) que le prévenu pourrait tirer de la nullité ou de la déchéance du brevet ; mais, en dehors de la condamnation ou de l'acquittement, il n'y aura rien de jugé, même entre les parties, ce tribunal étant incompétent pour statuer sur l'existence ou la non-existence absolue et définitive d'un droit civil. Pour qu'il en fût autrement, il faudrait une disposition expresse, formelle, et elle n'existe pas.

Sans doute, la décision qui aura renvoyé le prévenu de la poursuite aura créé en sa faveur un préjugé très-favorable ; mais préjugé n'est pas chose jugée. Le breveté pourra, nonobstant le triomphe de l'exception, intenter une action contre le même prévenu, à l'occasion de nouveaux faits, sans que ce dernier puisse lui opposer la chose jugée.

Et réciproquement, lorsqu'une exception aura été repoussée,

rien ne s'opposera à ce que, devant de nouvelles poursuites, le prévenu oppose le même moyen de défense.

Reste un dernier point à examiner. Il est relatif aux peines encourues par le contrefacteur.

La loi de janvier 1791 fixait cette peine à une amende égale au quart des dommages-intérêts alloués à l'inventeur ou à ses ayants-droits.

La loi actuelle, voulant rendre la répression égale à celle qui s'applique en matière de contrefaçon littéraire, fixe une amende de 100 à 2,000 fr.

En cas de récidive, résultant d'une première condamnation intervenue dans les cinq années antérieures pour un des délits prévus par la loi de 1844, les tribunaux peuvent prononcer, outre l'amende, un emprisonnement d'un mois à six mois.

Faut-il, pour l'application de cette peine si grave, qu'il y ait contrefaçon successive du même procédé breveté, ou violation de deux brevets différents?

Sans qu'on puisse en trouver de raisons bien sérieuses, il a été décidé que la récidive s'appliquerait à la violation de deux brevets différents.

La peine de l'emprisonnement est encore prononcée dans le cas où le contrefacteur a été l'ouvrier ou l'employé du breveté. Ce que la loi a voulu réprimer, c'est l'abus que l'ouvrier ou l'employé peut faire de la confiance nécessaire dont il a été investi.

Avant la loi de 1844, les questions sur le cumul des peines donnaient lieu aux difficultés les plus graves. Sur la proposition de M. Isambert, le doute a été tranché.

Les peines établies par la présente loi, dit l'article 42, ne pourront être cumulées. La peine la plus forte sera seule seule prononcée pour tous les faits antérieurs au premier acte de poursuite.

L'article 463 du Code pénal est applicable à tous les délits prévus par la loi du 5 juillet 1844, même en cas de récidive.

PROJET DE LOI.

De même qu'avant l'adoption de la loi existante sur les découvertes industrielles, les études préparatoires avaient été longues et approfondies, de même, en ce qui concerne la loi projetée, les modes d'instruction mis en œuvre et les ajournements successifs témoignent de la maturité avec laquelle on veut traiter cette difficile et importante matière.

Dès 1850, des réclamations s'étant élevées contre la loi de 1844, une grande enquête fut ouverte, à la suite de laquelle un avant-projet fut dressé. Cet avant-projet lui-même fut soumis aux observations des chambres de commerce et des chambres consultatives.

Tous ces documents, enfin, ont été transmis au Conseil d'Etat, qui a rédigé le projet de loi soumis en ce moment aux délibérations du Corps législatif.

Les modifications apportées au régime actuel sont de deux sortes :

Les unes sont de forme, pour ainsi dire. Adoptant les dispositions principales de la loi existante, le projet les reproduit dans un ordre meilleur, en des termes plus clairs et plus concis. On ne peut qu'y applaudir.

Les autres ont trait au même fond du sujet. Nous avons dit notre pensée en commentant la loi sur l'utilité que peut offrir le maintien ou la réformation des règles qui la composent.

Viennent enfin des dispositions entièrement nouvelles.

C'est sur ce dernier élément du projet que, pour compléter notre travail, nous croyons devoir porter nos observations.

La première des innovations est ainsi conçue :

« Pendant les six mois qui suivent le dépôt, la description de l'inventeur est tenue secrète par le Gouvernement. »

L'expérience a démontré que certains hommes sont à l'affut des découvertes. Dès qu'elles sont rendues publiques, ils s'emparent des procédés qui les constituent, et s'assurent, par des brevets pris à l'étranger, le moyen de les exploiter.

Le délai de six mois pendant lequel la description restera secrète paraît suffisant pour que l'inventeur, protégé contre cette spoliation, puisse prendre lui-même des brevets à l'étranger, s'il le juge convenable, et nous ne pouvons que donner notre approbation à cette nouvelle disposition.

La deuxième des innovations est la plus importante du projet. Elle s'intitule : *Confirmation des brevets*, et se résume ainsi :

Deux années après la mise en exploitation de son brevet, tout inventeur peut en demander la confirmation.

A cet effet, il adresse au ministre une demande, et dépose pour les frais de l'instruction une somme dont la quotité est déterminée par règlement d'administration publique.

Le ministre, après avoir pris l'avis d'un comité spécial, décide s'il y a lieu de donner suite à la requête.

Dans le cas de l'affirmative, il transmet copie des pièces aux secrétariats des préfectures, aux chambres de commerce, aux chambres consultatives des arts et manufactures, etc., etc.

Un extrait de la demande est publié trois fois de mois en mois dans le *Moniteur* et tels autres journaux que le ministre désigne.

Jusqu'à l'expiration des trois mois qui suivent la troisième publication, toute personne peut adresser une opposition au ministre.

S'il n'y a pas d'opposition, le ministre peut, six mois au plus tôt après la dernière publication, prononcer la confir mation du brevet.

S'il y a opposition, elle doit être suivie, dans les trois mois de sa date, d'une instance judiciaire; sinon elle est considérée comme non avenue.

Si elle donne lieu à un procès, la confirmation ne peut être prononcée que lorsque la décision judiciaire qui l'aura repoussée ne sera plus susceptible d'aucun recours.

Le brevet confirmé ne peut plus être attaqué pour cause de nullité.

« Quelle est la conséquence de cette confirmation ? dit l'exposé des motifs : elle ne juge et ne préjuge aucunement le mérite de la découverte en elle-même ; elle constitue seulement une fin de non-recevoir contre toute réclamation qui tendrait à remettre en question le fait de nouveauté et de validité du procédé. »

Les chambres de commerce appelées à donner leur avis sur cette innovation se sont partagées en deux camps : les unes la déclarent excellente, les autres affirment qu'elle sera funeste à l'industrie.

Où est la vérité ? Un retour rapide sur l'histoire du droit des inventeurs nous paraît utile pour résoudre cette question.

Avant 1789, nous l'avons vu, le gouvernement pouvant à son gré accorder ou refuser des priviléges, l'inventeur n'avait, à raison de sa découverte, aucun droit proprement dit.

Depuis 1791, le droit à la délivrance du brevet, sans examen préalable, ayant été proclamé, le rôle du gouvernement se trouve réduit à un simple enregistrement, et il ne peut dépendre de lui qu'un inventeur soit, à tort ou à raison, privé du bénéfice que le monopole peut procurer. C'est aux tribunaux seuls qu'il appartient de juger les contestations relatives à la propriété des brevets.

En l'an VI, le principe du non-examen préalable fut remis en question par Eude, au Conseil des Cinq-Cents. Six mois à peine s'étaient écoulés, qu'il venait réfuter lui-même les objections qu'il avait soulevées.

« Les arts, dit-il alors, ne prospèrent pas dans les entraves,

Gardons-nous de soumettre leurs productions à des vérifications qui souvent pourraient devenir fallacieuses. »

« Les arts et le commerce, s'écrie M. Dupin, dans la discussion de la loi de 1844, vivent de liberté. L'examen préalable serait l'établissement d'une censure en matière d'industrie. »

Le projet de loi lui-même que nous examinons en ce moment s'exprime en ces termes :

Art. 3. « *Les brevets seront délivrés sans examen préalable, aux risques et périls des demandeurs et sans garantie, soit de la réalité, de la nouveauté ou du mérite de l'invention, soit de la fidélité ou de l'exactitude de la description.* »

Que devient ce principe, en présence de cette partie du projet qui s'appelle confirmation du brevet ?

C'est au ministre que s'adresse la demande, et il peut, à son gré, décider qu'il y sera ou n'y sera pas donné suite.

Si la première décision est favorable, l'enquête a lieu, et le ministre, quel qu'en soit le résultat, peut prononcer souverainement la confirmation du brevet, ou la refuser.

La responsabilité qu'un pareil système met à la charge de l'autorité supérieure nous paraît bien lourde, et nous croyons que, promptement, elle demanderait elle-même à en être déchargée.

Sous l'empire de la loi actuelle, tout brevet régulièrement délivré est valide jusqu'à preuve contraire. Si la confirmation des brevets était autorisée, tout procédé qui ne l'aurait pas obtenue serait frappé de discrédit. La loi elle-même appellerait le doute sur les brevets, et elle mettrait l'inventeur dans la nécessité d'opter entre un titre déprécié et une demande en confirmation.

Le but que l'on se propose, c'est de rendre les attaques moins fréquentes contre les brevets délivrés.

Voyons à quel prix et dans quels délais ces avantages seraient obtenus.

L'inventeur doit couvrir les frais d'une immense enquête administrative. De calculs irréfutables, il résulte que, pour chaque demande, le ministre devrait exiger le dépôt d'une somme qui ne pourrait être inférieure à trois mille francs.

L'enquête elle-même provoque les procès. S'ils surgissent, le breveté devra y faire face à l'aide de nouvelles avances, la confirmation ne pouvant avoir lieu que lorsque les décisions rendues en sa faveur seront passées en force de chose jugée.

Jusqu'à la confirmation, le procédé ne jouit que d'une médiocre faveur. La demande ne peut être formulée que deux années après la mise en exploitation ; supposons-la commencée le jour même de la délivrance du brevet. Première période, deux années.

Fixons approximativement les autres. La demande est adressée au ministre ; il la soumet à l'examen d'un comité, et doit chercher à se renseigner lui-même avant de prendre cette mesure si grave qui consiste à décider s'il donnera ou ne donnera pas suite à la requête . . . . . . Une année.

Enquête administrative . . . . Six mois.
Publicité . . . . Six mois.
Contestations judiciaires . . . . *Mémoire.*
Examen de toutes les pièces résultant, soit de l'enquête, soit de contestations judiciaires . . Une année.

C'est au plus tôt, on le voit, cinq années après la demande d'un brevet que l'inventeur pourrait en obtenir la confirmation.

Dans l'état de la législation actuelle, l'expérience a démontré que, lorsqu'un brevet doit être l'objet d'attaques, c'est durant cette période que la lutte s'établit.

Après cinq ou six années, le mérite de la découverte, s'il doit être contesté, a été si souvent mis en cause que les tribunaux n'éprouvent plus aucune hésitation à le proclamer, s'il doit l'être. Toute nouvelle contestation sur le défaut de nouveauté ou de réalité n'est plus considérée que comme un détestable moyen de chicane, qui ne vaut à son auteur qu'un redoublement de sévérité.

C'est cependant pour éviter les procès qu'un brevet pourrait soulever après une existence de cinq années, que la loi mettrait à la charge de chaque inventeur un procès immense, inévitable.

Quel est le breveté qui, pour des avantages aussi tardifs, voudrait s'imposer un tel fardeau ?

Supposons qu'il en existe, ils seront peu nombreux, assurément, et la confirmation des brevets n'appartiendra qu'à de rares privilégiés, déjà favorisés par la fortune. Ceux-là ne manqueront pas de s'en prévaloir sur leurs enseignes et leurs prospectus, écrasant ainsi par l'éclatante distinction qui leur serait accordée la masse des inventeurs.

Serait-elle juste, cette loi si funeste au plus grand nombre ?

Le plus beau mérite de notre législation actuelle, c'est l'égalité qu'elle établit entre tous les inventeurs.

Sous le régime proposé, il y aurait trois classes de brevets, sans compter les subdivisions :

1° Des brevets dont la confirmation n'aurait pas été demandée ;

2° Des brevets auxquels elle aurait été refusée avant ou après enquête ;

3° Enfin des brevets confirmés.

Nous n'hésitons pas à déclarer, pour notre compte , que, plutôt que de consacrer un pareil système, mieux vaudrait nier d'une manière absolue les droits de l'inventeur; aussi repoussons-nous une pareille innovation.

La formation d'un comité spécial, chargé de donner son avis sur les questions relatives aux brevets, est l'objet de l'art. 24 du projet de loi.

Rien n'est plus désirable que cette création. Les tribunaux y trouveraient des garanties précieuses de lumières et d'impartialité. En un grand nombre de cas, ils pourraient, grâce au concours de ce comité, éviter aux parties les frais toujours si onéreux d'une expertise.

Reste une dernière innovation. Elle est ainsi conçue :

Art. 38. « Le gouvernement peut, pour cause d'utilité publique, et moyennant une indemnité préalable, retirer le droit exclusif d'exploiter un brevet d'invention.

» L'indemnité est fixée par un jury spécial composé de neuf membres, dont trois sont désignés par le ministre du commerce, trois par le breveté, et trois par le premier président et les présidents réunis de la Cour impériale de Paris. »

Jusqu'à présent, le principe de l'expropriation pour cause d'utilité publique n'a été appliqué qu'aux immeubles. Le motif, c'est qu'on n'avait pas conçu qu'il pût être d'intérêt général d'exproprier, à charge d'indemnité, des valeurs mobilières ; car, assurément, personne ne songerait à prétendre que ces valeurs ont droit à plus d'égards que la propriété immobilière.

Certaines inventions, cependant, revêtent un tel caractère que l'intérêt public peut en réclamer impérieusement la possession. — Telle est, par exemple, la découverte d'un engin de guerre qui doit établir une supériorité au profit de nos armées ;—celle d'un système de frein dont l'efficacité garantirait à l'exploitation des chemins de fer une sécurité plus complète. Nulle disposition ne se justifie mieux que celle qui permettrait d'exproprier, dans l'intérêt de tous et moyennant indemnité préalable, de telles découvertes.

Toutes les chambres de commerce ont donné leur assentiment à cette partie du projet.

En nous résumant, des quatre innovations que nous venons d'examiner, il en est une, croyons-nous, qu'il faut repousser comme contraire au principe fondamental d'une bonne législation en matière de découvertes industrielles. Quant aux trois autres, elles présentent un caractère d'utilité qui doit les faire adopter.

Ce traité sommaire de la législation sur les inventions industrielles étant plus particulièrement destiné aux hommes livrés aux affaires, nous en avons restreint le cadre autant que nous l'avons pu. Puissent-ils trouver qu'ils n'ont pas, en le lisant, fait un mauvais emploi d'un temps dont nous connaissons tout le prix !

FIN

www.ingramcontent.com/pod-product-compliance
Lightning Source LLC
LaVergne TN
LVHW021812170726
843503LV00007B/3165